선사시대부터 **현대사**까지 흐름 꿰뚫기

초등 한국사 ①
선사 시대와 고조선

1차시 구석기 시대

2차시 신석기 시대

3차시 청동기 시대

4차시 최초의 국가 고조선

공부한 달 :   년   월

〈1호 수업안내문 | 선사 시대와 고조선〉

제목	학습목표	학습내용
1차시 구석기 시대	· 구석기 시대의 유물과 유적을 통해 구석기 시대 사람들의 생활 모습을 이해한다.	01 사람은 어떻게 사람이 되었는가? 02 선사 시대의 시대 구분 03 구석기 시대의 유적과 유물 04 구석기 시대의 생활 모습
2차시 신석기 시대	· 신석기 시대의 유물과 유적을 통해 신석기 시대 사람들의 생활 모습을 이해한다.	01 정착 생활 – 움집 02 농사와 가축 기르기 03 토기 사용 – 빗살무늬 토기 04 신석기 시대의 생활 모습
3차시 청동기 시대	· 청동기 시대의 유물과 유적을 통해 청동기 시대 사람들의 생활 모습을 이해한다.	01 청동이 등장하다! 02 농사가 더욱 퍼지다! 03 부족장(지배자)의 등장 04 청동기 시대의 마을 모습
4차시 최초의 국가 고조선	· 단군의 건국 이야기를 알고, 고조선이 우리 역사상 최초의 국가임을 이해한다.	01 고조선의 건국 신화 02 고조선 사람들의 생활 모습(8조법) 03 유물로 본 고조선의 문화 범위 04 고조선 이후 세워진 여러 나라들

이 달에 배우는 한국사 연표

약 70만년 전	약 30만년 전	기원전 8000년경
한반도 구석기 시대	경기도 연천 전곡리 유적 형성	한반도 신석기 시대

기원전 5000년경	기원전 2333	기원전 2000년경
서울 암사동 유적 형성	고조선 건국	청동기 문화 보급

기원전 400년경	기원전 194	기원전 108
철기 문화 보급	위만, 고조선 왕이 됨	고조선 멸망

1 구석기 시대

학습목표

• 구석기 시대의 유물과 유적을 통해 구석기 시대 사람 들의 생활 모습을 이해한다.

학습내용

01 사람은 어떻게 사람이 되었는가?
02 선사 시대의 시대 구분
03 구석기 시대의 유적과 유물
04 구석기 시대의 생활 모습

공부하고 스스로 평가하기

○ 사람이 다른 동물과 달리 어떻게 사람이 되었는지 말할 수 있어요.　☆☆☆☆☆

○ 기록이 없는 선사 시대를 어떻게 구분하는지 말할 수 있어요.　☆☆☆☆☆

○ 우리나라 구석기 시대의 유적과 유물이 무엇인지 말할 수 있어요.　☆☆☆☆☆

○ 구석기 시대 사람들이 왜 동굴에서 생활했는지 말할 수 있어요.　☆☆☆☆☆

01 사람은 어떻게 사람이 되었는가?

지구에 사람이 나타난 것은 약 400만 년 전입니다. 사람은 호랑이처럼 강한 이빨, 치타처럼 빠른 다리, 새처럼 하늘을 날 수 있는 날개도 없습니다. 이렇게 나약한 사람이 다른 동물을 제치고 어떻게 자연의 지배자가 되었을까요?

직립보행 손의 해방

ᅵ 다음 그림을 보고 물음에 답하세요.

네 발 동물

두 발 사람

1 직립보행이란 무슨 뜻인가요?

直 立 步 行
곧을직 설립 걸음보 갈행

2 인간이 다른 동물과 달리 손을 사용할 수 있게 된 까닭은 무엇인가요?

3 우리는 일상생활에서 어느 때 발과 손을 사용하나요? 손을 쓰기 시작하면서 더 편리해진 점은 무엇일까요?

도구의 사용 | 인간의 손이 강력한 무기로 변신

2 다음 그림을 보고 물음에 답하세요.

① 맨손과 도구를 든 손의 차이점이 무엇인지 설명해 보세요.

② 다음 도구들을 발전 순서대로 나열해 보세요.

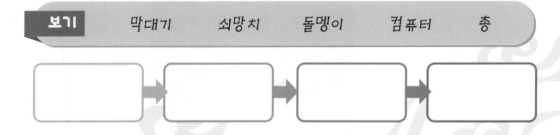

| 보기 | 막대기 | 쇠망치 | 돌멩이 | 컴퓨터 | 총 |

③ 도구가 발달하면서 인간의 삶에는 어떠한 변화가 생겼을까요?

불의 사용 인간만이 불을 사용할 수 있다

3 다음 그림을 보고 물음에 답하세요.

1 원시인들은 처음에 불을 보고 어떠한 생각을 했을까요?

2 원시인은 어떻게 해서 불의 유용성을 깨닫게 되었을까요? 다음 낱말을 사용하여 추론해 보세요.

추위

어둠

맹수

음식

사람이 살았던 시대는 선사 시대와 역사 시대로 나눕니다. 선사 시대란 역사 기록이 남아 있지 않은 시대, 역사 시대란 기록이 남아 있는 시대를 말합니다. 기록이 남아 있지 않은 선사 시대는 어떻게 구분할까요?

1 선사 시대와 역사 시대의 뜻을 말해 보세요. 우리가 살고 있는 시대는 어느 시대인가요?

先	史	時	代
먼저 선	기록 사	때 시	시대 대

歷	史	時	代
지날 역	기록 사	때 시	시대 대

선사시대 ──────→ │역사시대 ──────→

구석기 시대　신석기 시대　청동기 시대　철기 시대

2 선사 시대는 사용한 도구에 따라 구석기 시대, 신석기 시대, 청동기 시대로 나눕니다. 각 시대에 알맞은 도구를 찾아 연결하면서 시대 구분을 배웁시다.

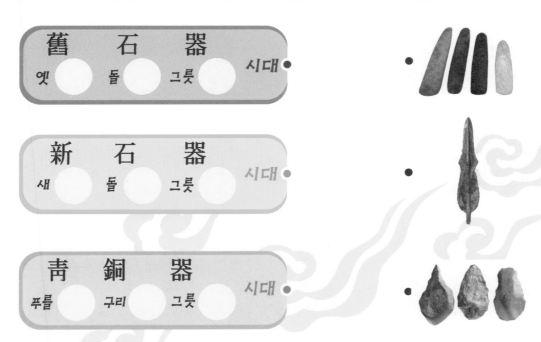

舊	石	器	시대 •
옛	돌	그릇	

新	石	器	시대 •
새	돌	그릇	

靑	銅	器	시대 •
푸를	구리	그릇	

약 70만 년 전 한반도에 사람이 살았던 흔적이 발견되고 있습니다. 그래서 한반도 구석기 시대의 시작을 약 70만 년 전이라고 합니다.

전국 곳곳 – 구석기 시대 유적지

선사 시대는 기록이 남아 있지 않기 때문에 유물이나 유적을 조사해서 그 시대의 생활 모습을 알아낸다. 구석기 시대 사람들이 살았던 흔적은 주로 동굴에 남아 있다. 동굴에서 구석기인들이 사용한 뗀석기, 구석기인들이 잡아먹은 짐승뼈, 동굴에 살았던 사람뼈 등을 발견했다. 이 유물들을 연구한 결과 약 70만 년 전부터 우리나라에 사람이 살기 시작한 것으로 밝혀졌다. 구석기 시대의 유적은 우리나라 꼭대기인 함경북도에서 맨 아래 제주도에 이르기까지 우리나라 곳곳에 퍼져 있다.

뗀석기 – 구석기인들의 생활 도구

구석기 시대 사람들은 돌을 깨뜨리거나 떼내어 만든 뗀석기를 주로 사용했다. 처음에는 주로 찍개를 사용하다 주먹도끼가 나오고부터는 주먹도끼를 즐겨 썼다. 찍개는 한쪽 또는 양쪽 면을 깨뜨려 동물의 뼈를 찍거나 나무를 다듬는 데 사용했고, 주먹도끼는 찍는 날과 자르는 날을 다 가지고 있어 사냥할 때, 동물 가죽을 벗길 때, 땅을 팔 때 등 모든 일을 할 때 사용한 만능 도구였다.

사람뼈 – 청원 두루봉 동굴의 흥수아이

1983년 김흥수 씨가 충청남도 청원군에서 석회석 광산을 찾기 위해 산을 헤매고 다니다가 우연히 어느 동굴 속에서 사람뼈를 발견했다. 김흥수 씨의 신고로 학자들이 동굴을 발굴하기 시작했는데 발굴 결과 구석기 시대 동굴 유적으로 밝혀졌다. 동굴 속에서 발굴한 사람뼈는 발견한 사람의 이름을 따서 '흥수아이' 라고 불렀다.

흥수아이의 나이는 대여섯 살 정도이며, 병에 걸려 죽은 것으로 보였다. 발견 당시 흥수아이 주변에는 고운 흙이 뿌려져 있었고 둘레에 국화를 꺾어 놓아 둔 흔적이 있는 것으로 보아, 죽은 사람을 애도하는 장례 풍습이 있었다는 것을 알 수 있다.

1 구석기 시대 사람들의 생활 모습을 우리는 어떻게 알 수 있나요? 구석기 시대 유물은 주로 어디서 발굴되나요?

遺 物
남길 유 물건 물

遺 跡
남길 유 자취 적

동물뼈   불 피운 흔적
사람뼈   떼석기   뼈도구

충북 단양 금굴

2 다음 뗀석기 모양을 보고 쓰임새를 생각하면서 이름을 고르고, 어떻게 사용했을지 설명해 보세요.

보기   긁개   찍개   밀개   슴베찌르개   주먹도끼

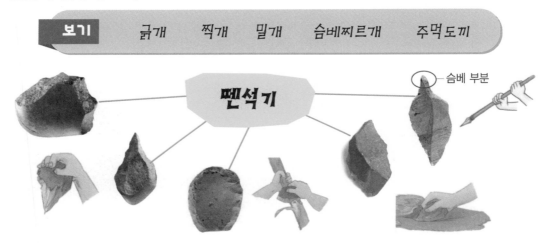

슴베 부분

뗀석기

3 홍수아이에 대해 알고 있는 사실을 생각그물로 정리한 후 말해 보세요.

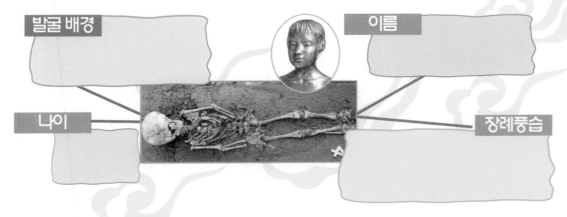

발굴 배경

이름

나이

장례풍습

다음 글을 읽고 구석기 시대 사람들이 어떻게 살았는지 알아봅시다.

남자는 사냥, 여자는 채집, 먹을 것을 구하라!

구석기인들은 하루하루 아주 바쁘게 살았다. 아침에 일어나면 남자들은 사냥하러 나갔고, 여자들은 채집을 하러 나섰다. 남자들은 사냥하러 나갔다가 사나운 동물들에게 잡아먹히는 경우도 많았다. 그만큼 구석기인들에게 사냥은 목숨을 건 위험한 일이었다. 그래서 식물 열매를 따거나 물고기잡이처럼 사냥보다 덜 위험한 방법으로 식량을 얻으려고 노력했다. 하지만 채집이라고 전혀 위험이 없었던 것은 아니다. 뱀에 물릴 수도 있고 독버섯을 잘못 먹어 죽을 수도 있었다. 이렇게 구석기인들은 먹고 살기 위해 위험을 무릅쓰는 힘든 하루하루를 보냈다.

자연이 선사해 준 최고의 집, 동굴!

제천 점말 동굴

동굴은 구석기 시대 사람들에게 따뜻한 보금자리였다. 어둡고 축축하지만 바람과 추위, 맹수를 피할 수 있는 최고의 집이었다. 불을 피우면 따뜻하고, 음식을 익혀 먹으니 맛도 더 좋고, 사나운 맹수도 쫓아낼 수 있었다. 구석기인들은 동굴 주변에 있는 열매를 다 따먹어서 먹을 것이 떨어지면 먹을 것을 찾아 다른 곳으로 이동했다. 혼자 다니면 위험하고 사냥도 할 수 없기 때문에 보통 30~40명이 무리지어 다녔을 것으로 추측한다.

Ⅰ 다음 중 구석기 시대 사람들이 입었던 옷이 아닌 것은?

동물가죽

나뭇잎

면티와 청바지

풀로 엮은 옷

2 구석기인들은 무엇을 먹고 살았을까요? 한자의 뜻을 보고 알맞은 그림을 연결해 보세요.

수렵

狩 獵
사냥 수 사냥 렵

채집

採 集
캘 채 모을 집

어로

漁 撈
고기잡을 어 잡을 로

3 구석기 시대 사람들은 어디에서 살았나요? 왜 그랬을까요?

역사 상상력 업

나는야 구석기인이다!

내가 구석기 시대 사람이라 상상하면서
다음 구석기인들이 하는 말을 말풍선에 쓰고,
구석기 시대 사람들이 어떻게 살았는지 발표해 보세요.

2 신석기 시대

공부하고 스스로 평가하기

신석기 시대 사람들이 정착 생활을 하면서 짓고 살았던 움집에 대해 말할 수 있어요. ☆☆☆☆☆

신석기 시대에 목축과 농경이 시작되면서 달라진 신석기인들의 생활 모습을 말할 수 있어요. ☆☆☆☆☆

신석기 시대 사람들이 사용한 빗살무늬 토기에 대해 말할 수 있어요. ☆☆☆☆☆

신석기 시대에 사용한 간석기가 무엇인지 알고, 다양한 간석기를 가지고 신석기 시대 사람들의 생활 모습을 말할 수 있어요. ☆☆☆☆☆

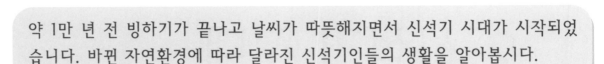

약 1만 년 전 빙하기가 끝나고 날씨가 따뜻해지면서 신석기 시대가 시작되었습니다. 바뀐 자연환경에 따라 달라진 신석기인들의 생활을 알아봅시다.

신석기인들의 보금자리 - 움집

약 1만 년 전(기원전 8000년경) 빙하기가 끝나고 날씨가 따뜻해진 신석기 시대에는 먹을거리가 풍부해졌다. 날씨가 따뜻하니 식물도 잘 자라고 불어난 물에는 물고기도 많아졌다. 이렇게 먹을거리가 풍부해지자 신석기인들은 동굴에서 내려와 조개, 물고기 등 먹을 것이 풍부한 강가나 바닷가에 움집을 짓고 모여 살았다.

움집은 땅을 파고 지은 반지하 집이다. 땅을 파고 둘레에 나무로 기둥을 세우고 짚을 덮어 만들었다. 암사동 선사 주거지는 우리나라 신석기 시대 사람들이 살았던 움집터 유적이다. 움집터는 바닥의 모양이 둥글고 70~100cm 정도 깊이로 바닥이 패어 있다. 이렇게 땅을 파서 지은 움집은 추위와 거센

복원한 신석기 시대 움집(서울 암사동)

바람을 견디는 데 도움이 되었을 것이다. 집터 가운데에는 돌을 둥글게 둘러놓은 흔적이 있어 여기에서 불을 피웠음을 알 수 있다. 또한 집터 안에서는 음식을 저장해 두었던 구멍, 기둥을 세웠던 구멍 등도 발견되었다. 발굴 당시 이곳에서는 토기, 석기 등과 같은 유물들과 함께 여러 개의 움집터가 발견되었다. 이를 통해 신석기 시대 사람들은 한 곳에 정착하여 마을을 이루고 살았음을 알 수 있다.

1 신석기 시대 마을은 강가나 바닷가와 같은 물가에 있습니다. 그 이유는 무엇일까요?

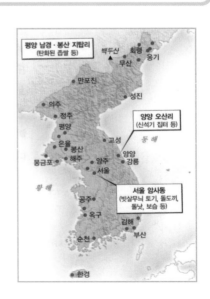

2 신석기 시대 사람들은 왜 집이 필요하게 되었을까요?

3 다음 암사동 선사 주거지의 움집터와 그림을 보고 물음에 답하세요.

암사동 움집터(서울특별시 강동구 암사동)

1️⃣ 신석기인들이 살던 집을 무엇이라 부르나요? 왜 그렇게 부르나요?

2️⃣ 움집터의 바닥 모양은 어떻게 생겼나요?

3️⃣ 집터 가운데에 돌을 둥글게 둘러놓은 흔적은 무엇인가요?

4️⃣ 신석기인들은 움집을 어떻게 만들었을까요? 글과 그림을 보고 설명해 보세요.

5️⃣ 다음은 암사동 선사 유적지에서 발굴된 유물입니다.
유물의 용도를 상상해서 말해 보세요.

02 농사와 가축 기르기

구석기 시대와 달리 신석기 시대에 농사를 짓기 시작하면서 달라진 신석기 시대 사람들의 생활 모습을 알아봅시다.

목축 시작 – 가축을 기르기 시작하다

신석기 시대부터 가축을 기르기 시작했다. 사냥해서 잡아 온 짐승을 죽이지 않고 가두어 두면 점점 자란다는 사실을 알게 된 것이다. 우리에 있는 가축이 새끼를 낳고 그 새끼가 다시 새끼를 낳아 점점 불어나면 힘든 사냥을 덜 해도 되었다. 바로 목축의 시작이었다.

농경 시작 – 농사를 짓기 시작하다

신석기 시대부터 농사를 짓기 시작했다. 우연히 자신이 먹고 버린 자리에 또다시 같은 열매가 자란다는 사실을 알게 된 것이다. 작은 씨앗을 투자하여 이렇게 많은 수확을 올릴 수 있다니, 신석기인들은 기쁨을 감추지 못했다. 이제 추운 겨울에도 미리 저장해 둔 식량 덕분에 굶주리지 않게 되었다.

신석기 시대 사람들은 밭에 조, 수수 등의 곡식을 심었다. ㉠돌괭이, 돌보습 등을 사용하여 밭을 갈고 돌낫으로 곡물의 이삭을 따서 갈돌로 갈아 껍질을 벗기거나 가루를 내어 먹었다.

| 보습 : 땅을 갈아 흙덩이를 일으키는 데 쓰는 도구

신석기 혁명 – 농업 혁명

구석기 시대 사람들은 동물을 사냥하거나 열매를 채집하거나 바다에서 물고기를 잡는 등 먹을 것을 찾아 떠돌아다니는 생활을 했다. 이러한 이동 생활은 매우 위험했으며 나무열매를 구할 수 없거나 사냥을 못했을 때에는 굶어야 했다. 하지만 신석기인들은 목축과 농경으로 먹거리가 풍부해지자 구석기인들처럼 먹을 것을 찾아 떠돌아다니지 않고 한 곳에 정착하여 집을 짓고 살았다. 이러한 목축과 농경 생활은 인간의 삶을 근본적으로 뒤바꿔 놓았다 하여 역사가들은 농업 혁명, 신석기 혁명이라 부른다.

1 신석기인들이 어떻게 목축과 농경을 시작하게 되었는지 상상해 보세요.

牧 畜
칠 목 짐승 축

農 耕
농사 농 밭갈 경

2 ㉠에 나오는 농사 도구를 찾아 그 이름을 쓰고, 용도를 말해 보세요.

3 목축과 농경을 시작한 후 신석기 시대 사람들의 생활은 어떻게 바뀌었나요?

구석기 시대 사람들의
생활과 비교해 봐요.

4 역사가들은 목축과 농경의 시작을 왜 농업 혁명, 신석기 혁명이라고 부르나요?

신석기 시대에 토기가 처음 등장했습니다. 왜 신석기 시대 사람들이 토기를 만들게 되었는지 알아봅시다.

신석기인이 사용한 그릇 – 빗살무늬 토기

신석기인들은 우연히 흙을 불에 구우면 단단해진다는 사실을 알게 되면서 흙으로 그릇 형태를 만들어 불에 구워 토기를 만들어 쓰기 시작했다. 토기가 생기면서 음식을 저장하거나 불로 음식을 조리해서 먹을 수 있게 되었다. 날것으로 먹으면 안 되는 것들을 조리해서 먹을 수 있게 되면서 먹거리의 재료가 더욱 풍부해졌다.

신석기인들이 사용한 토기는 아래쪽이 좁고 위쪽으로 갈수록 넓게 생겼는데 바깥면에 빗살무늬가 있어 빗살무늬 토기라 부른다. 빗살무늬 토기는 낮은 열로 구워 단단하지는 않았다. 신석기인들이 주로 모래가 많은 강가나 바닷가에 살았기 때문에 토기를 모래에 꽂아서 쓸 수 있도록 끝을 뾰족하게 만들었다.

1 토기란 무엇인가요? 다음 그림을 보고 토기를 어떻게 만들었는지 설명해 보세요. 빗살무늬 토기가 단단하지 않은 이유는 무엇인가요?

土 器
흙토 그릇기

빗살무늬 토기
(서울 암사동)

토기 만드는 모습

2 신석기 시대에 토기가 나타난 이유는 무엇인가요?

3 한반도 전 지역에서 다양한 빗살무늬 토기가 출토되었습니다. 다음 빗살무늬 토기를 감상하고 물음에 답하세요.

왜 빗살무늬 토기라고 부르나요?

신석기인들은 토기를 어떠한 용도로 사용했을까요?

4 신석기인들은 토기에 왜 이런 빗살무늬를 새겼을까요? 빗살무늬를 따라 그리며 상상해 보세요.

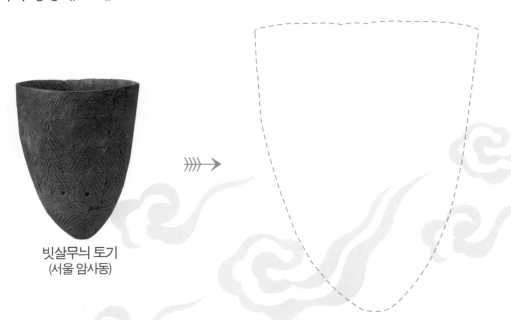

빗살무늬 토기
(서울 암사동)

신석기인들은 변화된 자연 환경에 적응하면서 구석기 시대에 볼 수 없었던 다양한 도구(간석기)들을 만들어 냈습니다. 이를 통해 신석기인들의 생활 모습을 알아봅시다.

1 신석기 시대란 무엇인가요?

新 石 器 時 代
새 신 돌 석 그릇 기 때 시 시대 대

2 뗀석기와 간석기를 구별해 봐요. 뗀석기는 ○, 간석기는 ◇ 하세요.

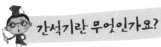
간석기란 무엇인가요?

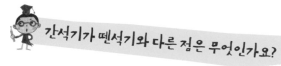
간석기가 뗀석기와 다른 점은 무엇인가요?

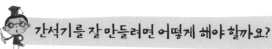
간석기를 잘 만들려면 어떻게 해야 할까요?

3 다음은 신석기인들이 사용한 도구들입니다. 신석기인들은 이 도구들을 어떻게 사용했을까요?

사냥 도구 – 작은 동물 출현

화살촉

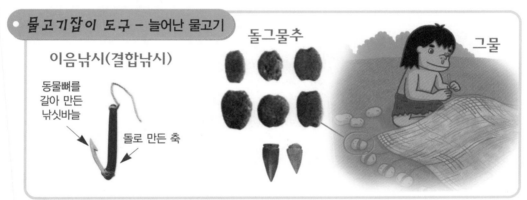

물고기잡이 도구 – 늘어난 물고기

돌그물추

그물

이음낚시(결합낚시)

동물뼈를 갈아 만든 낚싯바늘

돌로 만든 축

농사 도구 – 농사 시작

돌낫   돌보습   돌괭이

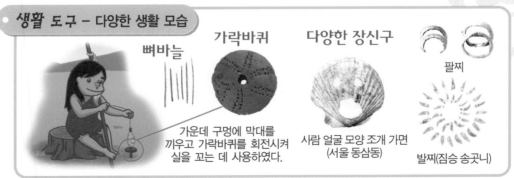

생활 도구 – 다양한 생활 모습

뼈바늘   가락바퀴   다양한 장신구

팔찌

가운데 구멍에 막대를 끼우고 가락바퀴를 회전시켜 실을 꼬는 데 사용하였다.

사람 얼굴 모양 조개 가면 (서울 동삼동)

발찌(짐승 송곳니)

역사 상상력 업

나는야 신석기인이다!

내가 신석기 시대 사람이라 상상하면서
신석기인들이 살던 움집 바깥과 안을 들여다보며
신석기 시대 사람들이 어떻게 살았는지 발표해 보세요.

움집 바깥 ☆★

움집 내부 ☆★

3 청동기 시대

공부하고 스스로 평가하기

○ 청동기 시대에 청동기를 어떠한 용도로 사용했는지 말할 수 있어요. ☆☆☆☆☆

○ 청동기 시대에 왜 농사가 더욱 퍼져 나갔는지 말할 수 있어요. ☆☆☆☆☆

○ 청동기 시대에 왜 부족장이 등장했는지 말할 수 있어요. ☆☆☆☆☆

○ 청동기 시대의 마을 모습을 설명할 수 있어요. ☆☆☆☆☆

> 한반도에서는 기원전 2000년경 청동기를 사용하는 청동기 시대가 시작되었습니다. 청동이 무엇인지 알아봅시다.

인류가 최초로 사용한 금속, 청동

한반도와 그 주변 지역에서는 기원전 2000년경 돌만 가지고 도구를 만들던 시대에서 금속으로 도구를 만드는 시대가 시작되었다. 구리에 주석이나 아연을 섞고 불에 녹여 만든 금속, 바로 빛나는 청동이다.

왜 청동을 가장 먼저 사용하게 되었을까? 청동의 주원료인 구리가 땅에서 가장 가까운 곳에 묻혀 있어 발견하기 쉬웠고, 다른 금속에 비해 녹는점이 낮아 신석기 시대에 토기를 굽던 온도로도 충분히 만들 수 있었기 때문이다.

구리에 주석이나 아연을 넣어 불에 녹여 펄펄 끓는 쇳물을 만든 다음, 그 쇳물을 거푸집(모양틀)에 붓고 쇳물이 식으면 꺼내서 다듬으면 멋진 청동기가 탄생한다. 하지만 청동기 만드는 기술은 복잡하고 까다로워서 청동기 제작 기술자가 따로 있었다. 이렇게 청동기는 만들기가 어렵고 귀해서 주로 검, 거울, 방울 등과 같이 하늘에 제사를 지내는 도구 혹은 지배자의 무기나 장신구 등으로 쓰였고, 농사짓는 데는 여전히 돌과 나무로 만든 도구를 사용했다.

1 청동기란 무엇인가요?

靑 銅 器
푸를 청 구리 동 그릇 기

2 다음 그림을 보고 청동기 만드는 방법을 설명해 보세요. ○○○은 무엇이라 부르나요? ○○○을 사용하면 어떤 장점이 있나요?

3 다음은 우리나라에서 발굴된 청동기들입니다. 청동기 이름을 〈보기〉에서 찾아 쓰고, 어떠한 용도로 사용했는지 상상해 보세요.

보기 　비파형 동검　　세형 동검　　청동거울　　청동방울　농경무늬 청동기

02 농사가 더욱 퍼지다!

청동기 시대는 신석기 시대보다 농사 도구가 더 발달하고 벼농사를 본격적으로 지으면서 곡물 생산량이 크게 늘어났습니다.

농사 도구 발달 – 농업 생산량 증가

청동기 시대 사람들은 귀한 청동기 대신 돌로 만든 농사 도구를 더욱 발전시켰다. 돌보습, 돌괭이로 땅을 개간하여 곡식을 심고 반달돌칼과 돌낫으로 추수를 하였다. 이삭을 따는 도구인 반달돌칼은 주로 반달 모양이지만 세모꼴이나 네모꼴도 있다. 청동기 시대에 벼농사가 널리 퍼지면서 사람들이 본격적으로 사용한 도구이다. 이렇게 발달한 농사 도구 덕분에 청동기 시대에는 농업 수확량이 크게 늘어났다.

민무늬 토기

청동기 시대에는 신석기 시대에 쓰던 빗살무늬 토기는 점차 사라지고 무늬가 그려지지 않은 토기라는 뜻의 민무늬 토기를 사용했다. 밑이 납작하고 겉면에 아무 무늬가 없어서 민무늬 토기라고 부른다. 토기가 갈라지는 것을 막기 위해 빗살무늬를 새겼는데, 이젠 기술이 더 발달하여 토기를 가마에서 구워냈기 때문에 갈라질 염려가 없어서 빗살무늬를 새기지 않게 되었다고 말하기도 한다.

청동기 시대에 농기구는 왜 석기를 사용했을까요?

청동기 시대에 사용한 석기는 뗀석기일까요, 간석기일까요?

2 다음 도구의 이름은 무엇인가요? 사진을 보고 사용법을 설명해 보세요. 이것을 통해 우리는 무엇을 알 수 있나요?

3 다음 농경무늬 청동기에 새겨진 청동기 시대의 이 사람은 무엇을 하고 있나요?

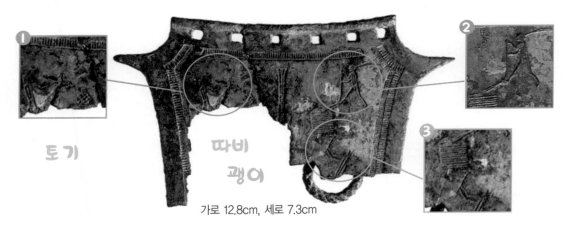

토기

따비
괭이

가로 12.8cm, 세로 7.3cm

4 다음은 충남 부여 송국리 유적에서 발굴한 청동기 시대 토기입니다. 이 토기는 무엇이라 부르나요? 빗살무늬 토기와 다른 점은 무엇인가요?

빗살무늬 토기

청동기 시대에는 부족장이 등장해 지배하는 사람과 지배를 받는 사람이 있는 계급 사회가 되었습니다.

부족장(지배자)의 등장

청동기 시대에 농사짓는 기술이 발달하면서 거두어들이는 곡식이 많아져 마을 사람들이 모두 나눠 먹고도 식량이 남았다. 이 먹고 남은 식량은 이제 더 이상 마을 소유가 아니라 어느 가족이나 어느 한 사람의 재산이 되어 재산을 많이 가진 사람과 적게 가진 사람이 생겨났다. 힘과 재산을 지닌 부족장들은 빛나는 청동거울을 목에 걸고 청동방울을 흔들며 위엄을 과시했다. 이제 평등한 사회는 깨지고 지배하는 사람과 지배를 받는 사람으로 나누어지게 된 것이다.

지배자의 무덤 – 고인돌

지배자가 된 사람들은 살아서만이 아니라 죽어서도 자기 권위를 과시하기 위해 엄청나게 큰 돌로 무덤을 만들고, 그 안에 청동칼이나 토기와 석기 등을 시신과 함께 묻었다. 바로 고인돌이다. 고인돌은 '괴어 있는 돌'이라는 뜻의 순 우리말이다. 고인돌은 덮개돌 하나의 무게만 해도 수십 톤에 달하는 거대한 것들이 많다. 이는 고인돌의 주인이 많은 사람을 동원하고 큰 무덤을 만들 정도의 힘을 가진 사람이었음을 뜻한다.

한반도는 세계에서 고인돌이 가장 많이 남아 있는 곳이다. 그중 고창, 화순, 강화 지역의 고인돌이 유명하여 세계 문화 유산으로 지정되었다. 강화도 부근리 고인돌은 현재 남한에 있는 탁자 모양의 고인돌 중 가장 큰 것이고, 고창에는 다양한 크기와 모양의 고인돌이 있고, 화순 부근에서는 고인돌과 함께 채석장이 발견되어 당시의 돌을 다루는 기술과 운반 방법 등을 알 수 있다.

❚ 고인돌이란 무엇인가요? 고인돌에서는 어떠한 유물들이 발굴되었나요?

2 왜 고인돌이라 부르나요? 탁자식 고인돌과 바둑판 모양 고인돌을 찾고 덮개돌과 고임돌(굄돌)을 구별해 보세요.

3 다음 고인돌 만드는 과정의 그림을 보고 어떻게 만드는지 설명해 보세요.

①

땅을 파고 고임돌 세우기

②

고임돌 주변에 흙을 쌓아 경사지게 하기

③

통나무를 이용해 덮개돌을 끌어올리기

④

덮개돌을 얹은 다음 흙을 치우기

4 세계 문화 유산으로 지정된 다음 지역 고인돌의 특징을 옆의 글에서 찾아 말해 보세요.

강화도 고인돌

고창 고인돌

화순 고인돌

우리나라에서 가장 큰 청동기 시대 마을 유적인 부여 송국리 마을을 살펴보며 청동기 시대의 마을 모습을 알아봅시다.

청동기 시대 – 전쟁의 시대

청동기 시대는 전쟁의 시대였다. 재산과 힘을 가진 부족장들은 더 많은 땅과 재산을 얻기 위해 이웃 마을로 쳐들어갔다. 이긴 마을은 진 마을의 땅과 재산을 빼앗고 그 마을 사람들을 노비로 삼아 점점 더 크고 강한 마을이 되었다. 이렇게 마을과 마을 사이에 전쟁이 끊이지 않자, 이제 다른 마을이 침입하지 못하도록 마을을 빙 둘러 도랑을 파고 나무로 울타리를 세우게 되었다.

청동기 마을 유적 – 부여 송국리 유적

충청남도 부여군 송국리에는 우리나라 최대의 청동기 시대 마을 유적이 있는데, ㉠사방이 훤히 내려다보이는 언덕에 자리잡고 있다. 나무 울타리로 둘러싸인 마을 터에는 수백 채가 넘는 집이 있었던 것으로 보인다. ㉡둥근 모양의 집터와 네모난 모양의 집터가 발견되었고, 집터 안에서는 반달돌칼, 돌검, 돌도끼 등의 석기와 민무늬 토기 등이 발굴되었다. 또한 ㉢송국리의 한 무덤에서는 비파형 동검과 매끈하게 만든 돌칼, 옥으로 된 장신구 등도 발굴되었다. 또한 불에 탄 쌀이 발견되어 당시 송국리 사람들이 벼농사를 지었음을 알려준다.

1 청동기 시대에 전쟁이 많았던 이유는 무엇인가요?

2 청동기 시대 마을이 ㉠처럼 언덕 위에 자리한 이유는 무엇인가요? 다음 사진에서 언덕을 찾아보세요.

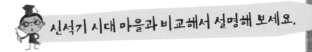

신석기 시대 마을과 비교해서 설명해 보세요.

충남 부여 송국리

3 다음 두 사진 중 ⓛ과 ⓒ의 유적과 유물을 찾아보세요.

송국리 무덤에서 나온 유물들

4 다음 청동기 시대 마을 그림에서 〈보기〉를 찾고, 청동기 시대 사람들이 어떻게 살았는지 말해 보세요.

보기			
환호	나무울타리	집	망루

| 환호 (環-둥글 환, 濠-도랑 호) : 둥근 도랑 : 마을을 방어하기 위해 마을 주위를 빙 둘러싸게 만든 도랑

5 청동기 시대에 국가의 탄생 과정을 다음 낱말을 이용하여 설명해 보세요.

마을 ⟫⟫⟫ 마을+마을+마을…… ⟫⟫⟫ 국가

반구대 암각화 그림 찾기

울산 대곡리 반구대 바위 절벽에 신석기 시대, 청동기 시대 사람들이 남긴 그림이 새겨져 있습니다. 고기잡이와 사냥이 잘 이루어지기를 바라는 당시 사람들의 마음을 그림으로 표현한 것입니다. 다음 그림을 찾아보세요.

사슴

고래

거북

곰

호랑이

물고기

멧돼지

사람

울산광역시 대곡리 반구대 바위그림(그래픽 복원)

4 최초의 국가 고조선

학습목표

• 단군의 건국 이야기를 알고, 고조선이 우리 역사상 최초
의 국가임을 이해한다.

학습내용

01 고조선의 건국 신화
02 고조선 사람들의 생활 모습(8조법)
03 유물로 본 고조선의 문화 범위
04 고조선 이후 세워진 여러 나라들

공부하고 스스로 평가하기

○ 고조선의 건국 신화인 단군왕검 이야기를 말할 수 있어요. ☆☆☆☆☆

○ 고조선 8조법의 의미를 해석하여 고조선의 사회 모습을 말할 수 있 어요.

○ 고조선의 유물을 토대로 고조선의 문화 범위를 말할 수 있어요.

○ 고조선 멸망 이후 세워진 여러 나라의 이름을 말할 수 있어요.

01 고조선의 건국 신화

고조선은 청동기 문화를 바탕으로 단군왕검이 세운 우리나라의 첫 국가입니다. 〈삼국유사〉의 기록을 보고 단군왕검이 고조선을 세운 과정을 알아봅시다.

〈삼국유사〉에 나오는 단군왕검 이야기

아주 오래 전 하늘나라를 다스리는 하느님(환인)에게 환웅이라는 아들이 있었다. 환웅은 '널리 인간을 이롭게 한다'는 홍익인간의 뜻을 품고 땅으로 내려가고 싶어했다.

하느님의 허락을 받은 환웅은 비, 바람, 구름을 다스리는 신하와 자신을 따르는 무리 3000여 명을 이끌고 하늘 아래 가장 아름다운 곳인 태백산에 내려왔다.

환웅은 태백산 꼭대기에 있는 신단수 아래로 내려와 그곳을 신시라 부르고 사람들을 다스리기 시작하였다.

그러던 어느 날 곰과 호랑이가 환웅에게 찾아와 사람이 되게 해달라고 빌었다. 환웅은 곰과 호랑이에게 쑥과 마늘을 주며 이렇게 말했다.

"이 쑥과 마늘을 먹고 백 일 동안 햇빛을 보지 않도록 하여라. 그러면 사람이 될 것이다."

곰과 호랑이는 기뻐하며 쑥과 마늘을 가지고 어두운 동굴로 들어갔다. 동굴에서 쑥과 마늘만 먹으면서 견디는 것은 쉽지 않은 일이었다. 결국 호랑이는 참지 못하고 뛰쳐나가고 말았다. 하지만 곰은 잘 참아내어 삼칠일(21일) 만에 여인이 되었다. 환웅은 이 여인을 아내로 맞이하여 아들을 낳았는데, 이분이 단군왕검이다. 단군왕검은 아사달을 도읍으로 하여 나라를 세우고 나라 이름을 조선이라 하였다.

– 일연, 〈삼국유사〉 중에서 –

❚ 고조선이란 표현은 〈삼국유사〉에 처음 나옵니다. 고려 시대 일연 스님은 왜 고조선이라 불렀을까요?

고려 시대에 일연 스님이 쓴 〈삼국유사〉에서는 옛 조선의 역사를 단군이 세운 조선과 위만이 세운 조선으로 구분하여 기록했다. 위만이 세운 위만 조선보다 옛날에 세워진 조선이라는 뜻으로 고조선이라 불렀다. 그 뒤에는 이성계가 세운 조선과 구별하기 위해서 이 용어가 널리 쓰였다. 지금은 단군이 건국한 조선과 위만조선을 포괄하여 고조선이라고 부른다. 고조선의 건국 시기는 기원전 2333년으로 전한다.

2 단군신화에 담긴 의미를 바르게 연결하면서 고조선의 건국 과정을 이해합시다.

① 환웅은 하늘에서 비, 바람, 구름을 다스리는 신하와 자신을 따르는 무리 3000여 명을 이끌고 왔을까?

ㄱ 환웅이 하늘에서 내려왔다는 것은 하늘의 자손임을 내세워 지배자의 신성함을 강조하는 것이다.

② 환웅은 정말 하늘에서 내려왔을까?

ㄴ 곰 숭배 부족과 호랑이 숭배 부족 중 곰 숭배 부족이 환웅 집단과 결합하였다.

③ 호랑이는 참지 못하고 동굴 밖으로 뛰쳐나갔고, 곰은 잘 참아내어 삼칠일 만에 여인이 되어 환웅과 결혼했다는 것은 무슨 뜻인가?

ㄷ 비, 바람, 구름은 농사짓는데 중요한 것으로, 환웅은 농사짓는 기술이 발달한 무리와 함께 한반도에 왔다.

3 단군왕검의 뜻을 풀이해 보세요.

단군
(제사장)
+
왕검
(정치 지도자)
=

4 단군왕검 이야기는 어느 나라의 건국 신화인가요? 또 알고 있는 건국 신화가 있으면 말해 보세요.

건국신화(建세울건 國나라국 神귀신신 話이야기화) : 나라를 세운 신들의 이야기
: 나라를 세우게 된 내력에 관한 신화

청동기 문화를 바탕으로 세워진 우리나라 첫 국가인 고조선의 생활 모습을 '8조법'을 통해 알아봅시다.

고조선 사람들의 생활 – 청동기 시대 사람들의 생활

청동기 문화를 바탕으로 세워진 고조선은 주변의 부족들을 병합하면서 점점 더 크고 강력한 나라가 되었다. 부여 송국리 유적에서 발견된 유물들이 고조선과 비슷한 것이 많은 것으로 보아 고조선 사람들의 생활 모습 역시 청동기 시대 사람들의 생활 모습과 비슷했을 것이다.

고조선의 법 – 8조법

고조선은 나라가 커져 가면서 백성들이 많아져 사회가 복잡해지고, 통치 조직이 확립되면서 사회 질서를 유지하기 위한 법을 만들었다. 법은 8개 조항이 있었는데, 현재는 중국의 〈한서〉 '지리지'에 3개 내용만 전한다.

- 사람을 죽인 자는 사형에 처한다.
- 남을 다치게 한 자는 곡식으로 갚아야 한다.
- 도둑질을 한 자는 데려다 노비로 삼는다. 만일 도둑질한 사람이 죄를 벗으려면 많은 돈을 내야 한다.

위 세 개의 법을 통해 고조선 사람들의 생활을 알 수 있다. 남을 죽이거나 다치게 하면 벌을 받았던 것으로 보아 사회 질서가 매우 엄격했다는 것을 알 수 있다. 그리고 죄를 곡식으로 갚아야 한다는 것을 통해 농사를 짓는 사회였고, 개인의 재산이 있었다는 것을 알 수 있다. 또한 도둑질을 한 자는 데려다 노비로 삼는다는 점에서 신분의 차이가 있었음을 알 수 있다.

| 고조선 사람들의 생활 모습은 어느 시대 사람들과 비슷할까요?

①구석기 시대   ②신석기 시대   ③청동기 시대   ④철기 시대

2 고조선의 8조법 중 현재 3개 조항만 전해지고 있습니다. 이 3개 조항을 통해 우리가 알 수 있는 고조선의 사회 모습을 추론해 보세요.

사람을 죽인 자는 사형에 처한다.

→ _____

남을 다치게 한 자는 **곡식** 으로 갚아야 한다.

→ _____

도둑질을 한 자는 데려다 **노비** 로 삼는다.
만일 도둑질한 사람이 죄를 벗으려면 많은 **돈** 을 내야 한다.

→ _____

→ _____

3 고조선의 8조법 중 현재는 3개만 전해지고 있습니다. 나머지 5개 조항은 어떤 내용이었을지 상상해서 써 보세요.

_____

_____

유물로 본 고조선의 문화 범위

고조선은 한반도 북쪽 지역과 중국의 동북쪽 지역에 자리잡고 있었습니다. 고조선의 유물로 고조선의 세력 범위를 알아봅시다.

고조선의 유물 – 동검, 고인돌, 토기

고조선 사람들은 기록을 남기지 않았다. 그래서 한반도나 만주 지방에서 나오는 유물을 통해 고조선의 세력 범위를 추정하고 있다. 고조선의 영역이었던 곳에서는 비파형 동검과 탁자 모양 고인돌, 미송리식 토기가 많이 발견된다. 출토되는 유물로 보아 고조선은 한반도 북쪽 지역과 중국의 동북쪽 지역에 자리잡고 있었던 것으로 추측한다.

고조선을 대표하는 다음 세 유물의 이름을 쓰고, 이러한 이름이 붙은 이유를
골라 바르게 연결하세요.

황해도 안악군

청동기 시대 민무늬 토기

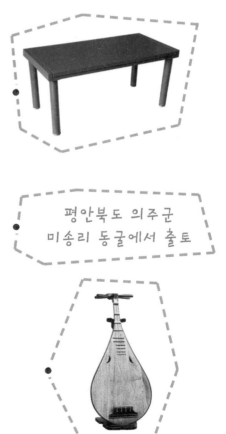

평안북도 의주군
미송리 동굴에서 출토

2 고조선의 대표 유물들이 발굴된 곳을 지도에서 찾아 표시해 보세요. 그 곳이 바로 고조선 사람들이 살던 곳입니다. 자, 찾기 시작!!

탁자식 고인돌을 찾아 ○

비파형 동검을 찾아 ◇

미송리식 토기를 찾아 □

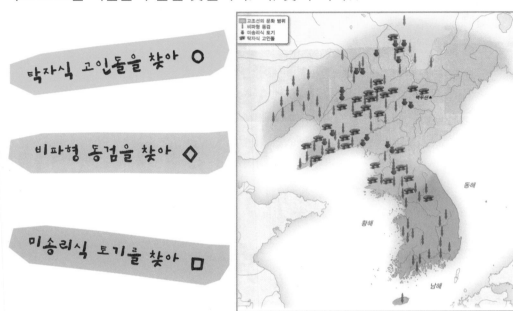

3 다음 청동기 유물의 이름을 쓰고, 다음 지도가 위의 지도와 다른 점을 찾아보세요.

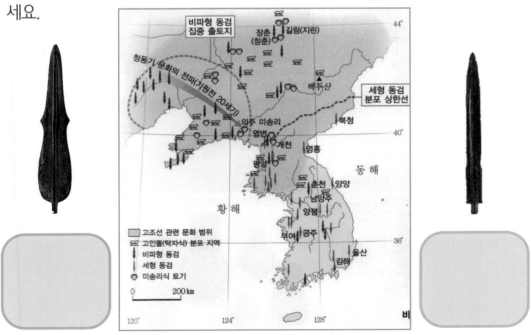

기원전 5세기경 중국에서 철기가 들어오면서 고조선은 더욱 부강한 나라가 되었으나 중국 한나라의 침략으로 기원전 108년 멸망하고 말았습니다. 고조선 멸망 이후 한반도에는 여러 나라가 등장했습니다.

철기 도입으로 더욱 부강한 나라가 되다!

기원전 5세기경 중국에서 철기가 들어오면서 고조선은 더욱 부강한 나라가 되었다. 철기(쇠)는 돌보다 단단하지만 깨지지 않고 청동보다 훨씬 날카롭다. 고조선은 철로 만든 농기구를 사용하면서 농업 생산량이 크게 늘어나 인구도 많아져 더 부강해졌다. 하지만 날카롭고 단단한 철제 무기를 사용하면서 부족 간의 정복 전쟁은 더욱 심해졌다.

철제 농기구(쇠도끼, 쇠낫)　　철제 무기(칼, 창, 화살촉)

기원전 108년 – 고조선 멸망

고조선이 번성하고 있을 때 중국에서는 한나라가 등장해 진시황이 세운 진나라가 망해 가고 있었다. 그때 중국 북쪽에 살던 위만이라는 사람이 1천 명이나 되는 사람을 이끌고 고조선으로 도망쳐왔다. 고조선의 준왕은 위만을 반갑게 맞아들여 높은 직책을 주었다. 그런데 기원전 194년 몰래 세력을 키운 위만은 준왕을 몰아내고 고조

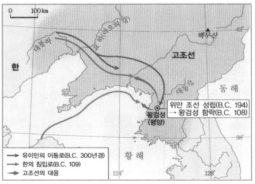

선 왕이 되었다. 위만이 이끄는 고조선은 날로 강해졌다. 고조선의 성장에 위협을 느낀 중국 한나라의 침략으로 기원전 108년 수도인 왕검성이 함락되어 고조선은 멸망하고 말았다.

고조선 이후 등장한 나라들

고조선이 멸망한 이후 그 주변 지역에는 또 다른 집단들이 세력을 키우면서 여러 나라가 나타났다. 고조선의 북쪽 넓은 평야 지역에는 부여가 세워졌고, 고조선의 중심부가 있던 한반도 북쪽 지역에는 고구려가 성장하였다. 옥저와 동예는 해안가에 자리잡았으며, 남쪽에는 마한, 진한, 변한 등의 나라가 생겨났다.

1 고조선이 부강한 나라로 성장할 수 있었던 배경은 무엇인가요?

2 고조선의 수도를 옆의 지도에서 찾아보세요. 고조선은 언제, 어느 나라한테 멸망당했나요?

3 고조선이 멸망한 이후 옛 고조선 지역과 한반도에는 여러 나라가 세워졌습니다. 고조선 이후 등장한 나라들을 지도에서 찾아 그 위치를 보면서 정리해 보세요.

고조선의 북쪽 지역

한반도 북쪽(고조선의 중심부)

해안가

한반도 남쪽

고조선 이후에 세워진 여러 나라

우리나라 영토의 변천사

우리나라 옛 왕조와 도읍지 지도입니다.
네모 안에 알맞은 나라 이름을 쓰고, 시대 순으로 나라 이름을 배열해 보세요.

시대순 :

□ ➡ □ ➡ □

➡ □ ➡ □ ➡ □

⑦
백두산
왕검성

⑭
백두산
한성

⑮
백두산
평양
서울
한라산

⑱
백두산
개경

⑲
백두산
국내성
평양성
위례성
국웅진
사비
백제 금관가야
신라
금성
가야

㉑
상경
중경
동경
서경
백두산
남경
금성

다음 〈한국을 빛낸 100명의 위인들〉 노래를 큰소리로 부르면서 아는 사람들을 동그라미해 보세요.
내가 모르는 위인들은 앞으로 역사 공부를 열심히 해서 알아 갑시다.

한국을 빛낸 100명의 위인들

MEMO(알림장)

이 곳에 가고 싶어요

이번 달에 배운 유적지 중 가장 가보고 싶은 곳 하나를 골라
답사 계획서를 작성해 보세요.

유적지	
유적지 주소	
답사 예정 날짜	함께할 사람
가보고 싶은 이유	
더 조사하고 싶은 내용	

답사 여행을 다녀와서

재미있게 답사를 잘 다녀왔지요? 보고서로 정리하면
더욱더 잊혀지지 않는 추억이 된답니다.

이름		날짜	년 월 일
유적지 이름			
같이 간 사람			
내가 본 유물과 유적			
느낀 점			
더 알고 싶은 점			

예시답안

1차시 구석기 시대   03쪽~

01. 사람은 어떻게 사람이 되었는가?

1. ① 곧게 서서 걸음을 걷는다(두 발로 걷기)
  ② 두 발로 걷게 되면서 두 손이 자유로워져 손을 사용할 수 있게 되었다.
  ③ 발 : 걷기, 차기, 달리기 / 손 : 잡기, 만들기
  손으로 도구를 만들고, 손으로 도구를 사용할 수 있게 되었다.
2. ① 맨손으로 할 수 없는 일을 다양한 도구를 가지고 할 수 있다.
  ② 막대기, 돌멩이 – 쇠망치 – 총 – 컴퓨터
  ③ 동물보다 육체적으로 나약한 인간이 도구를 사용해 동물을 사냥할 수 있게 되었다. 농사짓는 도구, 옷을 만드는 도구, 집을 만드는 도구를 만들어 인간의 삶이 더 풍족하고 편리해졌다.
3. ① 무서워하다가 점차 호기심을 갖게 되었다.(자유롭게 자신의 생각을 말해 본다.)
  ② 추위 : 가까이 갔더니 따뜻하다. / 어둠 : 밤중에도 환해서 주변을 잘 볼 수 있다. / 맹수 : 맹수들이 불을 무서워해서 가까이 오지 않는다. / 음식 : 음식을 익혀 먹으니 더 맛있다.

02. 선사 시대의 시대 구분

1. 선사 시대 : 글로 역사를 기록하기 이전 시대,
역사 시대 : 글로 역사가 기록 된 시대 / 선사 시대
2. 구석기 – 세 번째 도구 / 신석기 – 첫번째 도구 / 청동기 – 두 번째 도구

03. 구석기 시대의 유적과 유물

1. 구석기 시대는 기록이 남아 있지 않기 때문에 유물이나 유적을 조사해서 알 수 있다. / 동굴, 구석기 시대 사람들이 주로 동굴에서 생활했기 때문이다.
2. 찍개, 주먹도끼, 밀개, 긁개, 슴베찌르개 / 그림을 보고 설명해 본다.
3. 발굴 배경 : 1983년 김흥수 씨가 석회석 광산을 찾다가 우연히 어느 동굴 속에서 사람뼈를 발견하고 신고해서 발굴이 이루어졌다. / 이름 : 흥수아이 / 나이 : 5~6살 정도 / 장례 풍습 : 주변에 고운 흙을 뿌리고 국화를 꺾어 놓아 둔 것으로 보아 죽음을 애도하는 장례 풍습이 있었던 것으로 보인다.

04. 구석기 시대의 생활 모습

1. 면티와 청바지
2. 수렵 – 두 번째 그림 / 채집 – 세 번째 그림 / 어로 – 첫 번째 그림
3. 동굴 / 추위와 사나운 짐승의 공격을 피하기 위해서이다.

2차시 신석기 시대   13쪽~

01. 정착 생활 – 움집

1. 물고기나 조개 등 먹을거리를 구하기 쉬워서.
2. 떠돌아다니지 않고 정착 생활을 하게 되면서 집이 필요해졌다.
3. ① 움집 / 땅을 파고 집을 지었기 때문이다.
  ② 둥근 모양   ③ 화덕(불을 피운 흔적)
  ④ 땅을 파고 기둥을 세우고 짚을 덮은 집
  ⑤ 돌그물추 : 고기잡이 도구 / 돌보습 : 농사 도구 / 갈돌과 갈판 : 조리 도구 / 빗살무늬 토기 : 음식 저장

02. 농사와 가축 기르기

1. 목축 : 먹을거리가 많아 돼지를 잡아먹지 않았는데 얼마 뒤 돼지가 새끼를 낳는 것을 보고 목축을 시작하게 되었다. / 농경 : 열매를 먹고 씨앗을 땅에 버렸는데 얼마 뒤 버린 자리에서 열매가 다시 자라는 것을 보고 농경을 시작하게 되었다.(이외 자유롭게 자신의 생각을 말해 본다.)
2. 돌보습(왼쪽 위) : 땅을 갈아서 흙덩이를 일으키는 일을 하는 농기구 / 돌괭이(오른쪽 위) : 땅을 파거나 밭을 갈 때 쓰는 도구 / 돌낫(왼쪽 아래) : 풀과 곡식을 베는 ㄱ자 모양의 도구 / 갈돌과 갈판(오른쪽 아래) : 곡식의 껍질을 벗기거나 곡식을 갈아 가루를 만드는 데 사용하는 도구
3. 정착 생활로 바뀌었다.
4. 먹을 것을 찾아 떠돌아다니던 불안정한 생활에서 먹을 것을 직접 길러서 먹는 안정된 정착 생활로 인간의 삶이 획기적으로 변화했기 때문이다.

03. 토기 사용 – 빗살무늬 토기

1. 토기 : 흙으로 만든 그릇 / 진흙을 빚어 모양을 만들고 불에 굽는다. / 낮은 열에 구워 단단하지 않다.
2. 신석기 시대는 먹을거리가 많아지면서 남는 먹을거리를 저장할 도구가 필요해졌다.
3. 토기 겉면에 빗살무늬가 새겨져 있어서 / 곡물을 쪄 먹거나 식량을 저장했다.
4. 불에 구울 때 갈라지거나 깨지는 것을 막기 위해, 미끄러지지 않아 잡기 편하게 하기 위해, 물고기가 많이 잡히기를 바라는 마음으로 생선뼈무늬를 새겼다 등 자신의 생각을 자유롭게 이야기한다.

04. 신석기 시대의 생활 모습

1. 새로운 돌 도구(간석기)를 만들어 사용한 시대
2. 왼쪽의 세 개는 뗀석기이므로 ○, 오른쪽의 4개는 간석기이므로 ◇한다.
  – 돌을 갈아서 만든 도구 / 뗀석기는 돌을 깨뜨리거나 떼어내서 만들어 끝이 울퉁불퉁하지만 간석기는 돌을 원하는 모양으로 갈아서 만들어 끝이 매끄럽고 날카롭다. / 용도에 맞게 잘 갈아야 한다.
3. 사냥 도구 : 돌로 화살촉을 만들어 나무와 연결해 화살을 만들어 사냥을 했다.
물고기잡이 도구 : 동물 뼈와 돌로 이음낚시를 만들거나 돌그물추를 연결한 그물을 사용해 물고기를 잡았다.
농사 도구 : 농사지을 땅을 갈거나 곡식을 수확할 때 돌보습, 돌괭이. 돌낫 같은 농사 도구를 사용했다.
생활 도구 : 가락바퀴를 이용해 옷 만드는 실을 뽑고, 조개 가면이나 팔찌 등을 장신구로 만들어 사용했다.

3차시 청동기 시대 23쪽~

01. 청동이 등장하다!

1. 구리에 주석이나 아연을 섞어 만든 금속 도구
2. 구리에 주석이나 아연을 넣어 불에 녹여 펄펄 끓는 쇳물을 만든 다음, 그 쇳물을 거푸집에 붓고 쇳물이 식으면 꺼내서 다듬는다. / 거푸집 / 청동기를 여러 개 만들 수 있다.
3. (왼쪽부터 시계바늘 방향으로) 비파형 동검 / 청동방울 / 농경무늬 청동기 / 세형 동검 / 청동 거울

02. 농사가 더욱 펴지다!

1. 청동은 너무 귀해서 농사 도구는 석기를 사용했다. / 신석기 시대보다 더욱 발달한 간석기를 사용했다.
2. 반달돌칼 / 반달돌칼로 이삭을 자른다. / 벼농사를 지었다.
3. ①토기에 수확물을 담는 모습
   ②따비로 땅을 가는 모습
   ③괭이질하는 모습
4. 민무늬 토기 / 빗살무늬 토기와 달리 밑이 납작하고 표면에 무늬가 없고 단단하다.

03. 부족장(지배자)의 등장

1. 지배자의 무덤 / 시신, 청동칼, 토기, 석기
2. 괴어 있는 돌이라는 순 우리말 /

3. 땅을 파고 고임돌을 세운다. 고임돌 주변에 흙을 쌓아 경사지게 한다. 통나무를 이용해 덮개돌을 끌어 올린다. 덮개돌을 얹은 다음 흙을 치우면 고인돌이 완성된다.
4. 강화도 고인돌 : 현재 남한에 있는 탁자 모양의 고인돌 중 가장 큰 고인돌
   고창 고인돌 : 고인돌의 크기와 모양이 다양하다.
   화순 고인돌 : 고인돌과 함께 채석장이 발견되어 당시 돌을 다루는 기술과 운반 방법 등을 알 수 있다.

04. 청동기 시대의 마을 모습

1. 더 많은 재산과 땅을 얻기 위해서이다.
2. 언덕은 사방이 훤히 내려다보여 적의 침입을 확인할 수 있어서 / 사진의 가운데 / 신석기 시대에는 마을이 강가나 바닷가에 있었는데, 청동기 시대는 마을이 언덕으로 올라가 있었다.
3. 둥근 모양 집터 / 네모난 모양 집터 / 비파형동검은 맨 왼쪽, 돌칼은 맨 오른쪽, 옥으로 된 장신구는 아래에 있다.
4. 그림에서 찾고 설명한다.

5. 마을과 마을이 합쳐져 점점 많은 사람들이 모여 국가가 되었다.

4차시 최초의 국가 고조선 43쪽~

01. 고조선의 건국 신화

1. 위만이 세운 위만 조선과 구분하기 위해서이다.
2. ① – ⓒ / ② – ㉠ / ③ – ⓛ
3. 하늘에 제사도 지내고 정치도 하는 제정일치의 지배자
4. 고조선 / 알고 있는 건국 신화가 있으면 말해 본다.

02. 고조선 사람들의 생활 모습(8조법)

1. ③
2. 사람의 생명(노동력)을 중요시했다. /
   농사를 지었다. /
   계급이 존재했다, 사유 재산이 존재했다.
3. 자유롭게 자신의 생각을 말해 본다.

03. 유물로 본 고조선의 세력 범위

1. 비파형 동검 – 세 번째
   탁자 모양 고인돌 – 첫번째
   미송리식 토기 – 두 번째
2. 지도에서 찾아 표시해 본다.
3. 비파형 동검 / 세형 동검 /
   비파형 동검이 사라지고 세형 동검이 나타났다.

04. 고조선 이후 세워진 여러 나라들

1. 중국에서 들어온 철로 날카롭고 단단한 농기구와 무기를 만들어 농업 수확량이 늘어나고 인구가 늘어나서 부강한 나라가 되었다.
2. 고조선의 수도 : 왕검성 /
   기원전 108년 중국 한나라한테 멸망했다.
3. 고조선 북쪽 지역 – 부여 / 한반도 북쪽 – 고구려 /
   해안가 – 옥저, 동예 / 한반도 남쪽 – 마한, 진한, 변한